36 Schlafzimmer zum Ausmalen und Gestalten

Design your rooms!

36 Schlafzimmer zum Ausmalen und Gestalten

pocket-feng-shui
von Heike Schauz und Heike Kessler

Impressum

Ein Projekt von Heike Schauz & Heike Kessler

Die Pocket-Feng-Shui-Books von Heike Schauz dienen in erster Linie als Impulsgeber. Sie ersetzen keineswegs eine fundierte Feng-Shui-Beratung. Für Detailinformationen bitte die Autorin direkt kontaktieren:

apprico hs consulting
Heike Schauz
Leisbergstr. 15
D-76534 Baden-Baden
Telefon: +49 7221 9706976
mail@apprico.de
www.apprico.de

Herstellung und Verlag:
BoD - Books on Demand, Norderstedt

ISBN 978-3-7412-6080-3

Design your rooms!

Nehmen Sie sich Ihre kreative Auszeit

Lassen Sie Ihrer Phantasie freien Lauf und entspannen Sie sich beim „Ausmalen" Ihres Lieblings-Schlafzimmers. Erst in Gedanken und dann mit bunten Stiften in der Hand. Probieren Sie es einfach aus.

Wir haben die schönsten Schlaf(t)räume für Sie zusammengestellt und hoffen, Sie haben ebenso viel Freude damit wie wir. Lassen Sie sich von unseren handgezeichneten Raumbeispielen inspirieren.

Eigene Räume gestalten durch Learning by doing

Durch das Ausmalen der Bilder lernen Sie spielerisch die Grundprinzipien des Feng-Shui kennen und bekommen ein Gespür für die harmonische Einrichtung und Gestaltung von Räumen.

Das praktische Taschenformat sorgt dafür, dass Sie selbst in kurzen Pausen ganze Motive fertigstellen können.

Wir wünschen Ihnen viel Vergnügen mit unserem ersten Pocket-Feng-Shui-Malbuch und neue Gestaltungsideen für Ihr Traum-Schlafzimmer.

Herzlichst Ihre
Heike Schauz & Heike Kessler

Entspannt(er) schlafen durch die harmonische Raumgestaltung nach Feng-Shui

Das Schlafzimmer ist der Ort, an dem wir gut ein Drittel unseres Lebens verbringen. Außerdem benötigen wir in diesem Raum den meisten Schutz, denn es ist dunkel. Wir geben die Kontrolle über unsere Umwelt ab und schlafen.

Idealerweise sind Schlafräume am weitesten von der Eingangstür weg oder in einem oberen Stockwerk untergebracht.

Das Bett sollte mit dem Kopfteil möglichst an einer soliden Wand und nicht direkt unter einem Fenster stehen.

Sich direkt gegenüberliegende Türen oder eine sogenannte Tür-Fenster-Linie sollten vermieden werden. Lässt es sich nicht verhindern, dann werden diese Linien geblockt, zum Beispiel durch Raumteiler, Pflanzen, Schränke oder beklebte Schreiben. Hier sind der Kreativität keine Grenzen gesetzt.

Das Bett selbst sollte stabil sein und keine Trennlinien aufweisen. Ein höheres Betthaupt und eine Bank oder Truhe, die vor dem Bett stehen, sorgen für den nötigen Schutz.

Schwere Regale oder Bilder mit opulenten Rahmen über
dem Kopfende können einen erholsamen Schlaf behin-
dern. Dasselbe gilt für große Decken-Balken nahe am
Bett, die es auch noch optisch in der Mitte trennen. Hier
sollten Sie Abhilfe schaffen. Entweder werden die Balken
verkleidet, zum Beispiel mit Gipskarton oder Stoff. Wem
das zu viel Aufwand ist, der kann die Balken im gleichen
Farbton wie die Decke streichen. Dann fallen sie nicht
mehr so auf.

Das Schlafzimmer ist ein Yin-Raum – ein Ruhebereich

Deshalb sollte nach Möglichkeit auf Radiowecker oder
Fernseher verzichtet werden. Wenn das nicht durchsetz-
bar ist, dann bitte ein möglichst kleines Gerät verwenden, das im Schrank verschwinden kann. Am besten den
Stecker vor dem Schlafengehen ziehen - das wäre klasse.
Bitte darauf achten, dass in diesem Fall niemand an der
angrenzenden Wand zum Fernseher schläft.

Im Feng-Shui geht man davon aus, dass Spiegel eine
unruhige Atmosphäre verströmen, weshalb man im
Schlafzimmer lieber darauf verzichten sollte. Da Metall
eine hohe Leitfähigkeit besitzt, können Spiegel außerdem vorhandene störende Einflüsse verstärken. Fakt ist:
Unsere Großmütter hatten Spiegelkommoden im Schlafzimmer, deren Spiegel sie jede Nacht eingeklappt haben.
Und das sicher nicht ohne Grund.

Schlafzimmer sind Orte der Entspannung

Belastende Motive in Bildern oder Fotos wie ungeliebte Vorfahren, depressive Nebellandschaften oder der einsame Blick aufs Meer können nachhaltig die Stimmung beeinträchtigen.

Ein Schreibtisch, Trimm-Dich-Fahrrad oder Wäschekorb mit Bügelwäsche sollten nicht im Schlafzimmer stehen.

Symbole, die Dualität vermitteln, stärken und beleben die Partnerschaft

Das kann Ihr Hochzeitsbild oder ein toller Schnappschuss von Ihnen beiden sein, aber zum Beispiel auch ein Muschel-Paar oder besondere Steine, die Sie aus dem letzten Strandurlaub mitgebracht haben.

Es geht in erster Linie um die Bedeutung, die diese Symbole für **beide** Partner haben. Ein Teppich um das Bett oder unter dem Bett unterstreicht die Gemeinschaft des Paares zusätzlich.

Nehmen Sie nicht zu viele und zu bunte Farben

Erden Sie sich in diesem Raum und hören Sie bei der Gestaltung Ihres Schlafzimmers auf Ihr Bauchgefühl. Achten Sie beim Ausmalen bewusst darauf, welche Formen, Farben oder Strukturen Ihnen Sicherheit und Geborgenheit geben und was Ihnen Unbehagen bereitet.

Feng-Shui-Tipps für das Schlafzimmer

- Das Kopfende des Bettes sollte an einer festen Wand stehen (Achtung: keine angrenzende Badezimmer- oder Fernsehwand)
- Auf Tür-Fenster-Linie achten
- Betten stabil und nicht getrennt stellen
- Betthaupt und Schutz vor dem Bett einsetzen
- Auf Deckenbalken und Dachschrägen achten
- Licht zum Dimmen einplanen (Gemütlichkeit)
- Decke, Wände und Boden harmonisch aufeinander abstimmen (Form, Farbe, Material)
- Partnerschaftliche „Symbole" integrieren, z.B. Bilder, Erinnerungsstücke o.ä.
- Genug Platz um das Bett lassen, auch bei Singles
- Ankleidezimmer oder geschlossener Schrank

Störfaktoren im Schlafzimmer

- „Belastende" Fotos oder Bilder
- „Unruhestifter" wie Schreibtisch, Trimm-Dich-Gerät oder Wäschekorb
- Technische Geräte wie Computer, Radiowecker oder Fernseher
- Regale über dem Kopf
- Spitze Kanten, die auf das Bett zeigen
- Badewanne direkt im Zimmer
- Spiegel

Lassen Sie Ihrer Phantasie freien Lauf
und hauchen Sie den Zeichnungen
mit Farbe Leben ein!

Welches Motiv sehen Sie über diesem Bett?
Zeichnen Sie es gerne ein.

Welche Anfangsbuchstaben würden Sie hier
gerne sehen?

Im Rahmen hinter dem Bett fehlt etwas.
Welches Motiv fällt Ihnen spontan ein?

Welche Fotos würden Sie hier gerne sehen?

Heike Schauz gilt als DIE Business Feng Shui Expertin in Deutschland. Die Baden-Badenerin ist Unternehmerin, Autorin und eine der ersten Frauen mit Meistertitel im Maler-Handwerk.

Heike Schauz schafft Wohlfühlorte in Industrie- und Geschäftsgebäuden, Büros, Hotels und Arztpraxen – komplett ohne esoterische Hilfsmittel. Ihr Fachwissen um den bewussten Einsatz von Farben, Formen, Materialien und Licht gibt sie in Vorträgen, Seminaren, ihrer E-Book-Ratgeberreihe und auf ihrem Blog weiter. Um die Grundlagen der harmonischen Raumgestaltung auf eine spielerische Art zu vermitteln, hat sie das Pocket-Feng-Shui-Malbuch entwickelt.

Mehr Details und zahlreiche Praxisbeispiele unter www.apprico.de

Social Media Profile
pinterest.com/heikeschauz/
facebook.com/apprico
twitter.com/HeikeSchauz
gplus.to/apprico
xing.com/profile/Heike_Schauz2
linkedin.com/in/heike-schauz-2b844b6
youtube.com/user/apprico1

Heike Kessler ist Ideenzeichnerin. Die freie Illustratorin arbeitet als Visual Storyteller, Graphic Recorder und Gestalterin. Sie visualisiert Ideenansätze und Kernbotschaften auf Tagungen und Kongressen.

Heike Kesslers Zeichnungen machen Inhalte sichtbar und Ideen nachvollziehbar. Sie entwirft Bühnenbilder für Veranstaltungen, Shows und Produktpräsentationen. Zudem entwickelt sie Raumkonzepte für Innen und Außen.

Ihre detailgetreuen Illustrationen im Pocket-Feng-Shui-Malbuch lassen Räume lebendig werden. Das Betrachten und Ausmalen der Bilder inspiriert zu neuen Sichtweisen und gibt hilfreiche Impulse zur Umgestaltung der eigenen Räume.

**Weitere Infos und Arbeitsbeispiele auf
www.ideezeichnen.de**

Social Media Profil

de.linkedin.com/in/heike-kessler-864076b2

Ein paar Worte zum Thema Copyright

Jeder Mensch kann kreativ werden. Davon sind wir überzeugt. Jeder kann eigene Ideen entwickeln und umsetzen. Wir haben all unser Fachwissen, unsere langjährige Erfahrung und unser handwerkliches Können in dieses Pocket-Feng-Shui-Book miteinfließen lassen. Wir möchten Ihnen Impulse für die harmonische Raumgestaltung geben. Wir möchten aber nicht, dass unsere Arbeit einfach kopiert wird.

Alle Scribbles sind mit viel Liebe von Hand gezeichnet

Alle Bilder und Texte sind unser geistiges Eigentum. Die kommerzielle Nutzung und Vervielfältigung sind untersagt. Falls Sie eine Illustration oder eine Textpassage verwenden möchten, fragen Sie vorher nach unserem Einverständnis, am besten per Mail unter mail@apprico.de

Weiterempfehlung im Web erwünscht

Sie können gern auf Ihrer Website, in Ihrem Blog oder in den sozialen Medien auf unser Werk verweisen. Bitte verwenden Sie in Ihren Artikeln den Urhebervermerk: „pocket-feng-shui by Heike Schauz & Heike Kessler" oder verlinken Sie auf **www.apprico.de**